Es kam die gnadenvolle Nacht

Perlen unbekannter Weihnachtslieder

Meinen Eltern in Dankbarkeit zugeeignet

Impressum
Bild Umschlag Vorne: Lichterkrippe Berghaupten

Bild Umschlag Rückseite: Wikimedia, Deutsch:
Weihnachtsstern in Hartenstein. Erzgebirgskreis. Sachsen,
Kora27, Creative-Commons-Lizenz „Namensnennung –
Weitergabe unter gleichen Bedingungen 4.0 international".

© 2019 Dr. Wolfang Link, Gengenbach
Technische Mithilfe: David Zimmermann

Herstellung und Verlag: BoD – Books on Demand,
Norderstedt

ISBN 978-3-7494-4382-6

Inhalt

Vorwort

Nacht-stockdunkle Nacht. Die Macht der Finsternis scheint zu triumphieren. Wer kennt die unzähligen Toten, die Opfer von Gewalt wurden, damals wie heute: durch Kriege, Ermordung Unschuldiger, Vergewaltigungen, Folter, Machtmissbrauch, angefangen von Kain bis in unsere Tage. Gibt es keinen Lichtblick, keine Hoffnung auf Erlösung? Verzweiflung, Resignation breiten sich aus und lassen jede Hoffnung auf Rettung im Keim ersticken.

Um die Zeitenwende in einer unbedeutenden römischen Provinz geht strahlend ein Licht auf und besiegt die Macht der Finsternis. Im Stern von Bethlehem wird der Menschheit ohne ihr eigenes Verdienst der Erlöser geboren. Er allein ist Sieger über alles Böse. Christus der Retter ist da.

Absichtlich habe ich zumeist wenig bekannte Gedichte und Lieder ausgewählt. Sie bringen ähnlich wie die häufig gesungenen die ganze Erhabenheit des Heilsgeschehens zum Ausdruck.

Möge Ihnen, lieber Leser, die Schönheit der vorliegenden Texte zu Herzen gehen!

Advent
von Reiner Maria Rilke

Rilke (1875-1926) gilt als einer der bedeutendsten Lyriker der Moderne

Es treibt der Wind vom Winterwalde
die Flockenherde wie ein Hirt,
und manche Tanne ahnt, wie balde
sie fromm und lichterheilig wird.
Und lauscht hinaus den weißen Wegen,
streckt sie die Zweige hin bereit
und wehrt dem Wind und wächst entgegen
der einen Nacht der Herrlichkeit.

1 Martinskirche Freiburg

Lied im Advent von Hermann Claudius

von Hermann Claudius

Hermann Claudius (1878 – 1980), Urenkel von Matthias Claudius, war ein deutscher Lyriker und Erzähler. Als Zeichenlehrer in Hamburg sah er, wie der Turm der St. Michaeliskirche brannte und einstürzte. Das Angesicht dieser Katastrophe entstandene Gedicht, wurde in der Neue Hamburger Zeitung veröffentlicht. Da es gut ankam, bot ihm die Redaktion eine regelmäßige Mitarbeit an. Im dritten Reich verweist er immer wieder, dass Gott über allem Führertum steht.

Immer ein Lichtlein mehr im Kranz,
den wir gewunden,
dass er uns leuchte sehr
durch die dunklen Stunden.

Rund um den Kranz welch ein Schimmer,
und so leuchten auch wir,
und so leuchtet das Zimmer.
Und so leuchtet die Welt
langsam der Weihnacht entgegen.
Und der in Händen sie hält,
weiß um den Segen!

Es kam die gnadenvolle Nacht

von Kaspar Lavater

Lavater (1741-1801) war ein reformierter Pfarrer, Philosoph und Schriftsteller aus der Schweiz. Seine tiefe Innerlichkeit äußert sich in folgenden Zitaten:
Christsein, Menschsein, eins! Der Christ ist der menschlichste Mensch nur.

Halte rein dein Gewissen,
so hast du die Stütze des Lebens,
die dir niemals gebricht;
So hast du den Engel des Trostes,
der dich niemals verlässt,
so hat du die Quelle der Freude,
die dir niemals versiegt.

Es kam die gnadenvolle Nacht,
die uns den hellsten Tag gebracht.
Wie freute sich der Engel Schar,
da Gottes Sohn geboren war.

Froh jubelte der Engel Heer:
„Gott im Himmel, Gott sei Ehr!"
Und Friede, Freud und Seligkeit
herrscht auf Erden weit und breit.

Aus lichten Wolken sangen so
die Boten Gottes himmlisch froh:
Und himmlisch froh und hochentzückt
hat sie die Hirtenschar erblickt.

Die hocherfreuten Hirten geh'n
in Windeln Gottes Sohn zu seh'n;
Erblicken in der Krippe ihn
und sinken auf die Knie hin.

Und jeder, der dort Jesum sah,
war froh und sprach: Der Herr ist da!
Es kommt sein gnadenvolles Reich
Welch Kind ist diesem Kinde gleich?
O wieviel Trost und Gnade gab
mit Ihm, Gott in die Welt herab!
O wie uns unser Vater liebt,
dass er den liebsten Sohn uns gibt!

Ja Gottes Lieb' ist unumschränkt!
Ein Gott, der seinen Sohn uns schenkt,
schenkt alles, was uns heilsam ist,
Er schenkt es uns durch Jesum Christ!

Zur Weihnachtszeit

von Achim von Arnim

Achim von Arnim (1781-1831) war ein deutscher Schriftsteller. Neben Clemens Brentano und Joseph von Eichendorff gilt er als ein wichtiger Vertreter der Heidelberger Romantik.

Was leuchtet durch die Nacht so helle
und weckt das Haus mit heilgem Graus?
Ein Kind tritt aus des Himmels Schwelle
und klopft ans ird'sche Lebenshaus.

Wer hat die Tür so fest verschlossen,
dass es so lange warten muss?
Das Kindlein klopfet unverdrossen.
Der Mutter scheint's ein Todesgruß.

Ja, wo ein Kind der Welt geboren,
da scheint die Nacht wie Tag so klar.
Die Nachbarn grüßen an den Toren,
als finge an ein neues Jahr.

Nur Hirten kennen ganz den Segen,
der durch Geburt die Welt erneut,
wenn sie das Lamm zur Mutter legen.
Die Mutter sich am Anblick freut.

O, was Hirten Engeln nachgesungen,
was himmlischer verkündet ist,
dass sie von Gottes Geist durchdrungen

und dass ihr Kind der heilge Christ.

In Freudentaumel würde brechen
das stärkste Herz in Weibesbrust,
wenn Engel aus dem Himmel sprechen:
Dein Kind ist Gott, des Himmels Lust.

Es kann die Welt noch nicht erlösen
von ihres Winters harter Zeit.
Sie dient noch neben ihm dem Bösen,
zur Prüfung dient ihr noch der Streit.

Und alle Weisen werden kommen
und bieten Ihm Geschenke dar
und haben doch noch nicht vernommen,
was dieses Kind urewig war.

Allmählich wird die Welt sich stärken
zu 'schau'n sein göttlich Angesicht,
wenn sich in treuer Liebe Werken
das Auge weiht dem neuen Licht.

Wenn ew'ger Frühling dort geboren
und hier des Winters ew'ges Reich
und die erkoren, die verloren
sich scheiden für die Ewigkeit.

O heiliger Abend
von Paul Gerok

Paul Gerok (1815-1890), Sohn eines Pfarrers war ein evangelischer Theologe und Dichter. Nach der Tätigkeit als Diakonus war er Stadtpfarrer an der Stiftskirche Stuttgart und Oberhofprediger an der Schlosskirche. 1866 wurde er zum Ehrenbürger von Stuttgart ernannt.

O heiliger Abend, mit Sternen besät,
wie lieblich und labend
dein Hauch mich umweht!
Vom Kindergetümmel,
vom Lichtergewimmel
auf schau ich zum Himmel
 mit leisem Gebet.

Da funkelt's von Sternen
am himmlischen Saum,
da jauchzt es vom fernen.
unendlichen Raum.

Es singen mit Schalle
die Engelein alle,
Ich lausche dem Halle,
 mir klingt's wie ein Traum.

O Erde, du kleine,
du dämmernder Stern,
dir gleichet doch keine
der Welten von fern!

So schmählich verloren
so selig erkoren,
auf der ist geboren
die Klarheit des Herrn!

Heilige Nacht
von Friedrich Matthiesson

Friedrich Matthiesson (1761-1831) war Autor, Lyriker und Rechtsanwalt. Beethoven hat sein Gedicht Adelaide vertont.

Heil'ge Nacht, o gieße du
Himmelsfrieden in dies Herz!
Bring dem armen Pilger Ruh
holde Labung seinem Schmerz!
Hell schon erglüh'n die Sterne
grüßen aus blauer Ferne,
möchte zu euch so gerne
fliehen himmelwärts.

Harfentöne lind und süß
weh'n mir zarte Lüfte her
aus des Himmels Paradies
aus der Liebe Wonnemeer.
Glüht nur, ihr goldnen Sterne
winkend aus blauer Ferne
möchte zu euch so gerne
fliehen himmelwärts!

Deutung:
Heilige Weihnacht vermittelt dem Gläubigen Frieden und neue
Hoffnung auf die Freude des Paradieses.

Hat Christus sich mir kundgegeben
von Friedrich von Hardenberg (Novalis)

Novalis (1772-1801), eigentlich Georg Philipp Friedrich von
Hardenberg war ein deutscher Schriftsteller und Philosoph der
Frühromantik. Zu seinen bedeutendsten Werken zählen
Hymnen an die Nacht. Darin verarbeitet er den Tod seiner
ersten Frau Sophie und seines Bruders Erasmus.
Heinrich von Ofterdingen ist ein unvollendeter Roman, der das
romantische Symbol der Bluen blume benennt und stilprägend
für die ganze Epoche ist.

Hat Christus sich mir kundgegeben,
und bin ich Seiner erst gewiss,
wie schnell verzehrt ein lichtes Leben
die bodenlose Finsternis!

Mit Ihm bin ich erst Mensch geworden;
Das Schicksal wird verklärt durch Ihn
und Indien muss selbst im Norden
um den Geliebten fröhlich blühn.
(Anm.: Norden: der Ort der Geistesferne
Indien: das Land der Gottesnähe, wo sich der Geliebte, das
heißt Christus finden lässt.)

Endlich kommt zur Erde nieder
aller Himmel se'lges Kind,
schaffend im Gesang weht wieder
um die Erde Lebenswind.
Überall entspringt aus Grüften
neues Leben, neues Blut,
ew'gen Frieden uns zu stiften
taucht er in die Lebensflut.

Lasse Seine milden Blicke
tief in deine Seele gehen,
und von Seinem ew'gen Glücke
sollst du dich ergriffen seh'n.
Alle Herzen, Geister und die Sinnen
werden einen neuen Tanz beginnen.

Er ist der Stern, Er ist die Sonn,
Er ist des ew'gen Lebens Bronn,
Aus Kraut und Stein und Meer und Licht
schimmert sein kindlich Angesicht.

Lobt Gott, ihr Christen alle gleich
von Nikolaus Hermann

Nikolaus Hermann war Lehrer an der Lateinschule in St. Jakobsthal. Er dichtete zahlreiche evangelische Kirchenlieder. Eines der bekanntesten ist das folgende Weihnachtslied:

Lobt Gott, ihr Christen alle gleich
in Seinem höchsten Thron,
der heut' schließt auf Sein Himmelreich
und schenkt uns Seinen Sohn.

Er kommt aus Seines Vaters Schoß
und wird ein Kindlein klein;
Er liegt dort elend, nackt und bloß
in einem Krippelein.

Entäußert sich all Seiner Gewalt,
wird niedrig und gering
und nimmt an eines Knechts Gestalt
der Schöpfer aller Ding.

Heut schließt Er wieder auf die Tür
zum schönen Paradeis,
der Cherub steht nicht mehr dafür,
Gott sei Lob, Ehr und Preis.

Nun freut euch, ihr Christen

Dieses Lied geht auf den lateinischen Text 'Adeste fideles' zurück. Die deutsche Fassung stammt von Friedrich Heinrich Ranke, einem deutschen evangelischen Theologen.

Nun freut euch, ihr Christen, singt Jubellieder
und kommet, o kommet nach Bethlehem!
Christus, der Heiland stieg zu uns hernieder.
Kommt lasset uns anbeten den König, den Herrn!

O sehet, die Hirten eilen von den Herden
und suchen das Kind nach des Engels Wort.
Gehn wir mit ihnen, Friede soll uns werden.
Kommt...

Der Abglanz des Vaters, Herr der Herren alle,
ist heute erschienen in unserm Fleisch.
Gott ist geboren als ein Kind im Stalle.
Kommt...

Schaut, wie er in Armut liegt auf Stroh gebettet,
o schenken wir Liebe für Liebe Ihm!
Jesus, das Kindlein, das uns all errettet.
Kommt...

Jauchzet ihr Himmel, frohlocket ihr Engel

von Gerhard Terstegen 1734

Dieses Lied besingt die herzliche Barmherzigkeit Gottes, erschienen in der Geburt des Heilandes Jesu Christi. Es verbindet das Geheimnis der Inkarnation mit der christlichen Erlösungslehre. Hierin verspricht der Beter, sich Jesus zu übergeben und der Sünde abzusagen. Es endet mit dem Wunsch, Jesus in der Gotteskindschaft anzugehören.

Terstegen (1697-1769) war ein deutscher Laienprediger, Seelsorger, Kräuterapotheker und Schriftsteller. Er wirkte am Niederrhein als ein bedeutender Kirchenliederdichter und Mystiker des reformierten Pietismus. Er lebte eine schlichte Frömmigkeit, ein Christentum, das konfessionelle Barrieren überwand. Seine leidenschaftliche, innere, fast mystische Beziehung kannte keine Feindbilder. Wahre Gottseligkeit bestehe darin, dass das menschliche Herz in beständiger Übung zur Wohnung Gottes gemacht werde. In der Bibel sah er „einen Liebesbrief Gottes."

Jauchzet ihr Himmel,
frohlocket ihr Engel in Chören!
Singet dem Herren,
dem Heiland der Menschen zu Ehren!
Sehet doch da: Gott will so freundlich und nah
zu den Verlor'nen sich kehren.

Jauchzet, ihr Himmel,
frohlocket ihr Enden der Erden!
Gott und der Sünder,
die sollen zu Freunden nun werden.
Friede und Freud' wird uns verkündiget heut. Freut euch,
Hirten und Herden!

Sehet das Wunder,
wie tief sich der Höchste hier beuget;
Sehet die Liebe, die endlich als Liebe sich zeiget. Gott wird ein
Kind, träget und hebet die Sünd: Alles anbetet und schweiget.
(weitere Strophen im Gotteslob Nr. 251)

Die folgenden Lieder stammen von **Jochen Klepper**,
Pfarrersohn, protestantischer Theologe, Liederdichter. Er
wurde wegen seiner Ehe mit einer jüdischen Frau von den
Nazis schwer bedrängt. In einem Tagebucheintrag vom 10. 12.
1942 schreibt er: „Nachmittags die Verhandlung auf dem
Sicherheitsdienst. Wir sterben nun- auch das steht bei Gott.
Wir gehen heute Nacht gemeinsam in den Tod. Über uns steht
in den letzten Stunden das Bild des segnenden Christus, der
um uns ringt."
Am 11. Dezember 1942 nehmen sich Jochen Klepper, seine
Frau Hanni und deren Tochter Renate mit Schlaftabletten und
Gas das Leben. Den Ausschlag hatte die Weigerung des SS-
Mannes Eichmann gegeben, seine jüdische Frau und seine
Stieftochter Renate von der Deportationsliste für die
Vernichtungslager im Osten zu streichen und deren Tochter die
Ausreise über Schweden nach England zu ermöglichen.

In seinen Liedern hat Klepper „Gott nie aus den Augen gelassen" (Altbundespräsident Johannes Rau) Das Gedicht „Die Nacht ist vorgedrungen" sowie weitere Lieder sind ein Bekenntnis seines unerschütterlichen Glaubens.

Die Nacht ist vorgedrungen

Die Nacht ist vorgedrungen,
der Tag ist nicht mehr fern.
So sei nun Lob gesungen
dem hellen Morgenstern!
Auch wer zur Nacht geweinet,
der stimme froh mit ein.
Der Morgenstern bescheinet
 auch deine Angst und Pein.

Dem alle Engel dienen,
wird nun ein Kind und Knecht.
Gott selber ist erschienen
 zur Sühne für sein Recht.
Wer schuldig ist auf Erden,
verhüll' nicht mehr sein Haupt.
Er soll errettet werden,
wenn er dem Kinde glaubt.

Die Nacht ist schon im Schwinden,
macht euch zum Stalle auf!
Ihr sollt das Heil dort finden,
das aller Zeiten Lauf
von Anfang an verkündet,

seit eure Schuld geschah.
Nun hat sich euch verbündet,
den Gott selbst ausersah.

Noch manche Nacht wird fallen
auf Menschenleid und -schuld.
Doch wandert nun mit allen
der Stern der Gotteshuld.
Beglänzt von seinem Lichte,
hält euch kein Dunkel mehr;
von Gottes Angesichte
kam euch die Rettung her.

Gott will im Dunkel wohnen
und hat es doch erhellt.
Als wollte er belohnen,
so richtet er die Welt.
Der sich den Erdkreis baute,
der lässt den Sünder nicht.
Wer hier dem Sohn vertraute,
kommt dort aus dem Gericht.

Du Kind zu dieser heil'gen Zeit

Du Kind zu dieser heil'gen Zeit
gedenken wir auch an dein Leid,
dass wir zu dieser späten Nacht
durch unsre Schuld auf dich gebracht.
 Kyrie eleison.

Die Welt ist heut' voll Freudenhall.
Du aber liegst im armen Stall.
Dein Urteilsspruch ist längst gefällt,
das Kreuz ist Dir schon aufgestellt.
Kyrie eleison

Die Welt liegt heut' im Freudenlicht.
Dein aber harret das Gericht.
Dein Elend wendet keiner ab.
Vor Deiner Krippe gähnt das Grab.
Kyrie eleison

Wenn wir mit Dir einst aufersteh'n
und dich von Angesichte seh'n,
dann erst in ohne Bitterkeit
das Herz uns zum Gesange weit!
Hosianna!

Mein Gott, Dein hohes Fest des Lichtes

Mein Gott, Dein hohes Fest des Lichtes
hat stets die Leidenden gemeint,
dem blieb Dein Stern noch tief verhüllt
und Deine Weihnacht unerfüllt.

Die ersten Zeugen, die Du suchtest,
erschienen aller Hoffnung bar.
Voll Angst, als ob Du ihnen fluchtest,
und elend war die Hirtenschar.
Den Ärmsten auf verlassenem Feld
gabst Du die Botschaft an die Welt.

Die Feier war zu bunt und heiter,
mit der die Welt Dein Fest begeht.
Mach uns doch für die Nacht bereiter,
in der Dein Stern am Himmel steht.
Und über Deiner Krippe schon
zeig uns Dein Kreuz, Du Menschensohn.

Herr, dass wir Dich so nennen können,
präg' unseren Herzen heisser ein.
Wenn unsere Feste, jäh zerronnen,
muss jeder Tag noch Christtag sein.
Wir preisen Dich in Schmerz, Schuld, Not
und loben Dich bei Wein und Brot.

Siehe, dein König kommt zu dir

Siehe, dein König kommt zu dir,
ein Gerechter und ein Helfer
Sieh nicht an, was du selber bist
in deiner Schuld und Schwäche.
Sieh Den an, der gekommen ist,
damit Er für dich spreche.
Sieh an, was dir heut' widerfährt,

heut', da dein Heiland eingekehrt,
dich wieder heimzubringen
auf adlerstarken Schwingen.

Sieh nicht, wie arm du Sünder bist,
der du dich selbst beraubest.
Sieh auf den Helfer Jesus Christ!
Und wenn du Ihm nur glaubest,
 dass nichts als Sein Erbarmen frommt
und dass Er dich zu retten kommt,
darfst du der Schuld vergessen,
sei sie auch unermessen.

Glaubst du auch nicht, bleibt Er doch treu.
Er hält, was Er verkündet.
Er wird Geschöpf- und schafft dich neu,
den er im Unheil findet.
Weil Er sich nicht verleugnen kann,
sieh Ihn, nicht deine Schuld mehr an.
Er hat sich selbst gebunden.
 Er sucht: Du wirst gefunden!

Sieh nicht mehr an, was du auch seist.
Du bist dir schon entnommen.
Nicht fehlt dir jetzt, als dass du weißt:
Gott selber ist gekommen!
Und Er heißt wunderbar, Rat, Kraft,
ein Fürst, der ew'gen Frieden schafft.
Dem Anblick deiner Sünden
will Er dich selbst entwinden.

Wie schlecht auch deine Windeln sind
sei dennoch unverdrossen.
Der Gottessohn, das Menschenkind
liegt darin umschlossen.
Hier harrt Er, dass Er dich befreit.
Welch Schuld Ihm auch entgegenschreit-
Er hat sie aufgehoben.
Nicht klagen sollst du: loben!

Weihnachtslied

Wo warst Du Herr, vor dieser Nacht?
Der Engel Lob war Dir gebracht.
Bei Gott warst Du vor aller Zeit.
Du warst der Glanz der Herrlichkeit.
Beschlossen war in Dir, was lebt.
Geschaffen war durch Dich, was webt.
Himmel und Erde ward durch Dich gemacht.
Gott selbst warst Du vor dieser Nacht.

Wer war ich, Herr vor dieser Nacht?
Des sei in Scham und Schmerz gedacht!
Denn ich war Fleisch und ganz verderbt,
verloren und des Heils enterbt.
Erloschen war mir alles Licht.
Verfallen war ich dem Gericht.
Ich, dem Gott Heil und Gnade zugedacht,
war Finsternis und Tod und Nacht.

Wer wardst Du, Herr, Herr in dieser Nacht?
Du, dem der Engel Mund gelacht,
dem nichts an Ruhm und Preis gefehlt,
hast meine Strafe Dir erwählt.
Du wardst ein Kind im armen Stall
und sühntest für der Menschheit Fall.
Du, Herr, in Deiner Himmel höchster Pracht
wardst ein Gefährte meiner Nacht!

Wer ward ich, Herr, in dieser Nacht?
Herz, halte still und poche sacht!
In Gottes Sohn ward ich Sein Kind.
Gott ward als Vater mir gesinnt.
Noch weiß ich nicht: Was werd ich sein?
Ich spüre nur den hellen Schein!
Den hast Du mir in dieser heil'gen Nacht
an Deiner Krippe, Herr, entfacht!

Weihnachtslied im Kriege

Nun ruht doch alle Welt.
O Herr, wie willst Du's fassen?
Diee Erde liegt im Streit,
von allem Heil verlassen,
ist friedlos weit und breit
und wider Dich gestellt.

Doch der die Erde schuf
hat deine Angst gesehen
und hat sich aufgemacht,
will dir zur Seite stehen,
ein Helfer voller Macht.
Hell klingt Sein Friedensruf.

Wie wird die Welt so still.
O Herz, wie sollst du's glauben?
Du trägst so schwere Last.
Die Welt will alles rauben,
was Du so heiß umfasst.
Des Leidens ist kein Ziel.

Doch das A und O,
der Anfang und das Ende,
tritt heut' in Deie Zeit
und legt in Deine Hände
das Pfand der Seligkeit.
Das macht dich reich und froh.

Die Welt jauchzt fröhlich auf.
O Herz, wie kann's dich wecken?
Die Not hat dich versteint.
Der Erdkreis hat viel Schrecken
zu deiner Qual vereint
und türmt sie dir zuhauf.

Doch der das Leben gab,
den Mund mit Odem füllte,

spricht selbst die Tröstung zu.
Kein Schmerz, den Er nicht stillte!
Kein Werk, das Er nicht tu!
Dein Heilnd kommt herab!-

Die Tannen freuen sich.
Die Hirten auf dem Felde
erhellt ein klarer Schein.
Komm, Engel, komm und melde:
Was bricht zur Nacht herein?
Kommst du und meinst auch mich?

Gott Lob! In deinem Licht
darf ich das Licht erschauen,
Das Kind, den Herrn der Welt!
Ihm will ich mich vertrauen,
Er ist es, der mich hält
und rettet im Gericht.

Ich steh an Deiner Krippe hier

von Paul Gerhardt

Paul Gerhard (1607-1676) war ein evangelisch-lutherischer Theologe und gilt als einer der bedeutendsten deutschsprachigen Liederdichter.

Zu den bekanntesten zählen: Lobet den Herren, alle, die ihn ehren und Befiel du deine Wege

Das folgende Gedicht schuf er unter dem Eindruck der Gräueltaten des Dreißigjährigen Krieges. Vom Gehalt her ist es ein Einswerden des Menschen mit Christus, wie es die Mystik des Pietismus vertrat. Im Text sind Gegensätze wie Größe - Kleinheit sowie Armut - Reichtum enthalten. Dies bezieht sich auf das Kind in der Krippe, das scheinbar arm und schwach, aber als reich und mächtig erkannt wird.

Ich steh' an Deiner Krippe hier,
 o Jesu, Du mein Leben.
Ich komme, bring und schenke Dir,
was Du mir hast gegeben.
Nimm hin, es ist mein Geist und Sinn
Herz, Seel' und Mut, nimm alles hin,
und lass Dir's wohl gefallen.

Da ich noch nicht geboren war,
da bist Du mir geboren
und hast mich Dir zu eigen gar,
eh ich Dich kannt, erkoren.
Eh ich durch Deine Hand gemacht,

da hast Du schon bei Dir bedacht,
wie Du mein wollest werden.

Ich lag in tiefster Todesnacht,
Du warest meine Sonne,
die Sonne, die mir zugebracht
Licht, Leben Freud' und Wonne.
O Sonne, die das werte Licht
des Glaubens in mir zugericht,
wie schön sind Deine Strahlen.

Ich sehe Dich mit Freuden an
und kann mich nicht satt sehen;
Und weil ich nun nichts weiter kann,
bleib' ich anbetend stehen.
O dass mein Sinn ein Abgrund wär'
und meine Seel' ein weites Meer,
dass ich Dich möchte fassen!

Brunn aller Freuden
von Paul Gerhardt

Herr, mein Hirt, Brunn aller Freuden!
Du bist mein, ich bin Dein-
niemand kann uns scheiden.
Ich bin Dein, weil Du Dein Leben
und Dein Blut, mir zu gut
hast dahingegeben.

Nimmer kann ich mehr erbeben
Deine Huld nahm die Schuld,
gab mir ew'ges Leben.
Freudig darf ich aufwärts schauen,
hier im Streit, Not und Leid
darf auf Dich ich trauen.

Du kannst mich ja gar nicht mehr lassen.
Deine Lieb, die Dich trieb,
wird mich stets umfassen.
Drum sei Dir auch Preis und Ehre,
teurer Hort, hier und dort
in der Heil'gen Chöre!

Weihnachtslied
von Theodor Storm

Theodor Storm (1817-1888) war ein deutscher Schriftsteller,
Autor von Novellen und Prosa des Realismus norddeutscher
Prägung und Lyriker. Besonders bekannt sind seine
Erzählungen Der Schimmelreiter und Pole Poppenspäler.

Vom Himmel in die tiefsten Klüfte
ein milder Stern herniederlacht;
Es brennt der Baum, ein süß Gedüfte
durchschwimmet träumerisch die Lüfte
und kerzenhelle wird die Nacht.

Mir ist das Herz so froh erschrocken,
das ist die liebe Weihnachtszeit!
Ich höre fernher Kirchenglocken
in märchenstille Herrlichkeit.

Ein frommer Zauber hält mich wieder,
anbetend, staunend muss ich stehn;
Es sinkt auf meine Augenlieder
ein goldner Kindertraum hernieder.
Ich fühl's, ein Wunder ist geschehn.

Weihnachtslied
von Felix Dahn

Felix Dahn (1834-1912) war ein deutscher Rechtswissenschaftler, Schriftsteller und Historiker. Er begann in München ein Jura- und Philosophiestudium. Nach Promotion und Habilitation erhielt er in München eine Dozentur für deutsches Recht. 1863 wurde er Professor in Würzburg. Er war mit Therese von Droste-Hülshoff, einer Nichte von Annette von Droste-Hülshoff verheiratet.
Zu den bekanntesten Werken zählen: Ein Kampf um Rom und Walhall – Germanische Götter – und Heldensagen

Nun ist die liebe Weihnachtszeit
mit ihren Wundern kommen:
Durch alles deutsche Land ist weit
ein heller Glanz erglommen.
Das ist der Glanz vom Weihnachtsbaum

im Schnee ein Sommersonnen-Traum-
nie sei er uns genommen!

Die Kindheit flieht, die Jugend flieht:
Der Weihnacht-Traum soll dauern.
Wie süß er Mannesbrust durchzieht
mit tannenduft'gen Schauern!
Es schmückt den Baum in fernem Land
des Kriegers waffenmüde Hand:
Wie hat er doch so hell gebrannt,

Denn was die Weihnacht wahrhaft weiht,
ihr Mädchen und ihr Knaben,
ist nicht die bunte Herrlichkeit
der aufgehäuften Gaben.
Das ist die Reinheit, kindlich- wahr,
der Gier, des Neids, der Lüge bar
die sich an Lichtglanz, still und klar,
als höchstes Glück kann laben.

2 Grippenfiguren aus Jerusalem

Über die Geburt Jesu
von Andreas Gryphius (1637)

Andreas Gryphius (1616-1664), eigentlich Greif war ein deutscher Dichter und Dramatiker des Barock. Seine Sonette und seine Trauerspiele enthalten „das Leiden, die Gebrechlichkeit des Lebens und der Welt." Sein Leben war geprägt von den Leiden und Erfahrungen seiner Zeit, insbesondere vom frühen Tod seiner Eltern, der Zerstörung seiner Heimatstadt Glogau im Dreißigjährigen Krieg und den damit verbundenen Verfolgungen aus religiösen Gründen. Er thematisierte in seinen Tragödien und Gedichten das Leid und den moralischen Verfall, die Unruhe, die Einsamkeit und Zerrissenheit des Menschen. Besonders kommt dies in seinem Gedicht „Es ist alles eitel, menschliches Elende, Tränen des Vaterlandes zum Ausdruck, in dem er eindringlich die Schrecken des Dreißigjährigen Krieges behandelt. Gryphius war von einer tiefen Friedenssehnsucht erfüllt.

Nacht mehr denn lichte Nacht,
Nacht lichter als der Tag
Nacht heller als die Sonn'
in der das Licht geboren
das Gott, der Licht in Licht
 wohnhaftig ihm erkoren.
O Nacht, die alle Nächt' und Tage
trotzen mag.

O freudenreiche Nacht
in welcher Ach und Klage und Finsternis
und was sich auf der Welt verschworen
und Schrecken ward verloren.
Der Himmel bricht!
Doch fällt nun mehr kein Donnerschlag.

Der Zeit und Nächte schuf,
ist diese Nacht ankommen!
Und hat das Recht der Zeit
und Fleisch an sich genommen!
Und unser Fleisch und Zeit
der Ewigkeit vermacht.

Des fremden Kindes heiliger Christ
von Friedrich Rückert (gekürzt)

Friedrich Rückert (1788-1866) war ein deutscher Dichter, Sprachgelehrter, Übersetzer und einer der Begründer der deutschen Orientalistik. Er beschäftigte sich mit mehr als 40 Sprachen und gilt als Sprachgenie.

Es läuft ein fremdes Kind
am Abend vor Weihnachten
durch eine Stadt geschwind
die Lichter zu betrachten,
die angezündet sind.

Es steht vor jedem Haus
und sieht die hellen Räume,
die drinnen schau'n heraus
die lampenvollen Bäume.
Weh wird's ihm überaus.

Das Kindlein weint und spricht:
„Ein jedes Kind hat heute
ein Bäumchen und ein Licht,
und hat daran seine Freude,
nur bloß ich armes nicht!"

Da kommt mit einem Lichtblick
durch's Gässlein hergewallet
im weißen Kleide schlicht
ein ander Kind,-wie schallet
es lieblich, da es spricht:
„Ich bin der heil'ge Christ,
war auch ein Kind vordessen,
wie du ein Kindlein bist.
Ich will dich nicht vergessen.

Wenn alles dich vergisst,
ich bin mit meinem Wort
bei allen gleichermaßen;
Ich biete meinen Hort
so gut hier auf den Straßen
wie in den Zimmern dort.

Ich will dir deinen Baum
fremd Kind hier lassen schimmern,
auf diesem off'nen Raum
so schön, dass die in Zimmern
so schön sein sollen kaum.

Da deutet mit der Hand
Christkindlein auf zum Himmel,
und droben leuchtend stand
ein Baum voll Sterngewimmel,
vielästig ausgespannt.

So fern und doch so nah,
wie funkelten die Kerzen!
Wie ward dem Kindlein da,
dem fremden, still zu Herzen,
das seinen Christbaum sah!

Es ward ihm wie im Traum,
da langten hergebogen
Englein herab vom Baum
zum Kindlein, das sie zogen
hinauf zum lichten Raum.

Das fremde Kindlein ist
zur Heimat nun gekehret,
bei seinem heil'gen Christ,
und was hier wird bescheret,
es dorten leicht vergisst.

Weihnachtsglocken

(Dichter unbekannt)

Winter ist es - leise klingen
Weihnachtsglocken aus der Fern',
und es leuchtet, und es funkelt
dort im Osten hell ein Stern.

Seht, dort über Beth'lems Höhen
steigt er strahlend hoch empor,
und es jubelt, und es singet
durch die Nacht der Engel Chor.

Friede, Friede allen Menschen,
werfet ab der Erde Leid,
denn des Sternes helles Leuchten
bringt euch frohe, sel'ge Zeit!

Lasst die bangen Sorgen schwinden,
Gott hat alles wohl gemacht,
aus des trüben Winters Stürmen
ist der Erde Glück erwacht!

Und auf Erden lauschen alle
schau'n hinauf zum hellen Stern,
Weihnacht, Weihnacht ist gekommen,
tönt es nah und tönt es fern.

Lasset frohe Lieder schallen,
hoch vom Himmel kam das Glück,
Frieden füllet alle Herzen,
Frieden strahlt aus jedem Blick!

Heller nun die Glocken klingen,
und es mischt sich mit dem Klang
in den Häusern, in den Hütten
froher Menschen Jubelsang.

Zur heiligen Weihnacht
von Adolph Kolping

Adolph Kolping (1813-1865), Begründer des Kolpingwerks, war katholischer Priester. Er nahm sich insbesondere der sozialen Frage an.

Folgende Zitate zeugen von seiner innigen Gottesbeziehung und seiner Liebe zu den Menschen:

„Soweit Gottes Atem reicht, ist der Mensch nie ganz fremd und verlassen, und Gottes Arm reicht weiter, als Menschen denken können."

„Wie übel wären wir dran, wenn unsere Hoffnung auf Menschen ruhte."

„Die Leute leben und wirtschaften, als ob sie das wirkliche Christentum mit seinem ewigen Leben wenig oder gar nichts kümmerte."

„Froh und glücklich machen, trösten und erfreuen, ist das Beste, was der Mensch auf dieser Welt ausrichten kann."

„Tätige Liebe heilt alle Wunden. Bloße Worte mehren nur den Schmerz."

„Der Mut wächst immer mit dem Herzen und das Herz mit jeder guten Tat."

Es strebte aus der Nacht des Lebens
die Menschheit stets nach Glück und Licht,
doch suchte sie den Weg vergebens
Jahrtausende und fand ihn nicht.

Da ließ den Friedensgruß erschallen
durch Engelsmund das Christuskind,
es bot den wahren Frieden allen,
die eines guten Willens sind.

Er nahm auf sich der Menschheit Bürde
und gab des reinen Herzens Glück,
er gab dem Weibe seine Würde,
dem Sklaven gab er sie zurück.

O lasst uns dieses Kindlein preisen,
das uns versöhnte mit dem Grab,
das uns das große Ziel der Weisen,
den Frieden und die Wahrheit gab.
Ihr Mütter, eilt im Geist zur Krippe,
in der das Kindlein Jesu lag,
und betet nicht bloß mit der Lippe,
nein, mit dem Herzen betet nach:

„O Jesu, segne mein Bestreben
für meine Kinder, dass ich sie
die Du für Dich mir hast gegeben,
für Deinen Himmel auch erzieh!

Lass mich sie lehren, Dir zu dienen,
steh Du mir auch, Maria, bei,
damit ein jedes unter ihnen
dem Kinde Jesu ähnlich sei!“

Heil auch, ihr Mütter, Heil am Tage
der Rechenschaft, wenn jede dann
auf ihres Richters ernste Frage
mit frohem Herzen sagen kann:

„Die Kinder, Herr, die ich geboren,
ich führte sie zum Heil, zum Glück,
ich habe keines Dir verloren,
ich geb' sie Dir, mein Gott zurück!“

Die heilige Nacht
von Eduard Mörike

Eduard Mörike (1804-1875) war evangelischer Pfarrer, Lyriker, Erzähler, Übersetzer und Literaturlehrer am Stuttgarter Katharineum.
In seinen Gedichten vereint sich Volksliedhaftes mit Goethescher Formenklarheit und antikem Maßgefühl.
Sein bekanntestes Werk ist Mozart auf der Reise nach Prag.

Gesegnet sei die heil'ge Nacht,
die uns das Licht der Welt gebracht!

Wohl unterm lieben Himmelszelt
die Hirten lagen auf dem Feld

Ein Engel Gottes, licht und klar
mit seinem Gruß tritt auf sie dar.

Vor Angst sie decken ihr Angesicht,
das spricht der Engel: „Fürchtet euch nicht!

„Ich verkünd' euch große Freud:
Der Heiland ist geboren heut'."

Da geh'n die Hirten hin in Eil,
zu schau'n mit Augen das ewig' Heil.

Zu singen dem süßen Gast willkomm,
zu bringen Ihm ein Lämmlein fromm.

Bald kommen auch gezogen fern
die heil'gen drei König' mit ihrem Stern.

Sie knieen vor dem Kindlein hold
schenken Ihm Myrrhen, Weihrauch, Gold.

Vom Himmel hoch der Engel Heer
frohlocket: „Gott in der Höh' sei Ehr!"

Weihnachten

von Hermann Hesse

Hermann Hesse (1877-1962) war ein deutsch – schweizerischer Schriftsteller, Dichter und Maler. Sein Vater war Missionar und Missionsschriftsteller.

Nach Flucht aus dem evangelischen Klosterseminar Maulbronn steht für ihn der Entschluss fest: „entweder Dichter oder gar nichts zu werden."

Nach einem Mechanikerpraktikum und einer Buchhändlerlehre arbeitet er in Basel als Buchhandelsgehilfe und schreibt Artikel für die Allgemeine Schweizer Zeitung.

Im Zeiten Weltkrieg sind in Nazi-Deutschland seine Werke unerwünscht. Verschiedene Schriften dürfen nicht mehr gedruckt werden.

1946 erhielt er den Goethepreis der Stadt Frankfurt sowie den Nobelpreis für Literatur.

Ich sehn' mich so nach einem Land
der Ruhe und Geborgenheit.
Ich glaub', ich hab's einmal erkannt,
als ich den Sternenhimmel weit
und klar vor meinen Augen sah
und etwas dann mit mir geschah:
Ich ahnte, spürte auf einmal
dass alle Sterne, Berg und Tal
ob ferne Länder, fremdes Volk,
sei es der Mond, sei's Sonnenstrahl,
dass Regen, Schnee und jede Wolk',
dass all das in mir drin ich find',

verkleinert, einmalig und schön.
Ich muss gar nicht zu jedem hin,
ich spür' das Schwingen, spür' die Tön'
ein's jeden Dinges nah und fern,
wenn ich mich öffne und werd' still
in Ehrfurcht vor dem großen Herrn,
der all dies schuf und halten will.
Ich glaube, das war der Moment,
den sicher jeder von euch kennt,
in dem der Mensch zur Lieb' bereit:
Ich glaub', da ist Weihnachten nicht weit!

Kriegsweihnacht 1916
von Paul Keller

Paul Keller (1873-1932) war ein deutscher Schriftsteller und Publizist.

Und wenn auch nichts mehr auf Erden wär'
und alles freude- und liebeleer.
Es blieben die Sterne in dunkler Nacht,
es blieben die Berge in weißer Pracht,
es blieb der selige Kindertraum
vom Gabentisch und vom Tannenbaum
Es blieb Weihnachten.
Wollen alle in Demut trachten
vor dem schlummernden Jesulein
stille Kinder der Not zu sein.

Weihnachten in Stalingrad

Der folgende Text wurde 1946 in Stalingrad bei Aufräumarbeiten in verschütteten Kellern gefunden. Er befand sich in der Brieftasche eines unbekannten toten deutschen Soldaten, der ihn wohl selbst geschrieben hatte. Ein bei den Arbeiten eingesetzter Kriegsgefangener nahm das Blatt an sich und brachte es 1953 nach Deutschland

Er scheinen meines Gottes Wege
mir seltsam, rätselhaft und schwer,
und geh'n die Wünsche, die ich hege,
still unter in der Sorgen Meer;
Will trüb und schwer der Tag verrinnen,
der mir nur Sorg' und Leid gebracht,
dann darf ich mich auf eins besinnen:
dass Gott nie einen Fehler macht.

Wenn unter ungelösten Fragen
mein Herz verzweiflungsvoll erbebt,
an Gottes Liebe will verzagen,
weil sich der Unverstand erhebt,
dann darf ich all mein müdes Sehnen
in Gottes Rechte legen sacht
und sprechen unter vielen Tränen:
dass Gott nie einen Fehler macht.

Drum still mein Herz, und lass vergehen,
was irdisch und vergänglich heißt.
Im Lichte droben wirst du sehen,

dass gut die Wege, die Er weist.
Und solltest du dein Liebstes missen,
ja geht's durch finst're, kalte Nacht,
halt' fest an deinem sel'gen Wissen,
dass Gott nie einen Fehler macht.

Die Madonna von Stalingrad ist ein Bild des deutschen
Lazarettarztes Kurt Reuber. Er hat es auf die Rückseite einer
Landkarte mit Kohle an Weihnachten 1942 gemalt. Es wurde
in einem der letzten Transportflüge nach Deutschland gebracht
und hängt in der Kaiser-Wilhelm-Gedächtnis-kirche Berlin.

Friede auf Erden
von Albert Traeger

Christian Gottfried Albert Träger (1830-1912) war Justizrat und Parlamentarier für linksliberale Parteien im Deutschen Kaiserreich. Daneben war er auch als Schriftsteller, Journalist und Dichter tätig. Unter anderem schrieb er Gedichte und Novellen für die Zeitschriften „Die Gartenlaube" und das „Berliner Tageblatt".

Und Friede war's auf Erden wieder,
und strahlend sank die heil'ge Nacht,
die einst den Engelsgruß gebracht
auf die beglückte Welt hernieder.

Weihnachten
von Hans Brüggemann (16. Jhrh.)

Wenn in des Jahres Lauf, dem allzeit gleichen
auf leisen Schwingen sich die Christnacht naht,
wenn Erd' und Himmel sich die Hände reichen,
dann schau'n wir Dich, Du größte Liebestat.

Du Heiland, Jesus, kamst aus lichten Höhen,
wie unser Bruder tratst Du bei uns ein,
wir haben Deine Herrlichkeit gesehen
und Deinen Wandel, fleckenlos und rein.
Verlor'ne Kinder knien an Deiner Krippe
von jener ersten Weihnacht an bis heut'.

Es klingt von armer Sünder Herz und Lippe
ein jubelnd „Halleluja" weit und breit.

Tritt ein, Du Spender aller Seligkeiten
in unser Herz und Haus, in Volk und Land
Hilf, dass wir glaubend Dir den Weg bereiten
und mit Dir wandern Hand in Hand.

Gib, dass wir hoffend in die Ferne blicken
auf Dich allein, dem wir zu eigen ganz.
Kein irdisch Ding soll uns das Ziel verrücken,
bis wir Dich schau'n in Deines Reiches Glanz.

3 Weihnachtskrippe aus dem Erzgebirge

4 Kirche Ohlsbach